Querido lector,

Para leer el texto sobre esta página necesitas luz, tus ojos y tu cerebro. Estas tres cosas deben funcionar juntas a la perfección para que puedas ver.

A veces, este hermoso sistema sensorial presenta errores. Puede ser que los objetos alejados te parecen borrosos o que te cueste leer las palabras delante de ti. Tal vez no puedas distinguir ciertos colores o que sólo veas figuras y sombras. Mi abuela tenía glaucoma y perdió su vista a una edad temprana. A menudo caminaba con su cabeza en alto, como si quisiera captar toda la luz posible. Le gustaba hacer todo por sí misma y era una maravillosa cuentista.

En este libro presento estos fallos en la visión y las soluciones que los científicos han desarrollado para resolverlos. Ya seas un niño o un adulto, espero que este libro te sirva para entender cómo funcionan tus ojos y cómo tus amigos y familia podrían percibir el mundo a su alrededor.

Tengo el honor de haber escrito este libro y espero que te ayude a comprender y a proteger tus ojos mejor, sin importar lo que puedan ver.

Noureddine Melikechi

¿Cómo ves el mundo?
Paperback first edition • February 2025 • ISBN: 978-1-958629-73-4
eBook first edition • February 2025 • ISBN: 978-1-958629-74-1

Written by Noureddine Melikechi, Text © 2024
Illustrated by Michelle Simpson, Illustrations © 2024

Este libro usa dos fuentes desarrolladas específicamente para facilitar su legibilidao para los casos de baja visión: **Luciole** y **Andika**. Estas fuentes son gratuitas y están disponibles online!

Project Manager, Cover and Book Design: Hannah Thelen, Washington, D.C.
Senior Editor, Design Assistant: Caitlin Burnham, Washington, D.C.
    Editor: Marlee Brooks, Washington, D.C.
    Editorial Assistants: Brooke McGurl, Jordan Roller
Translated by: Andrea Batista
    Translation consultants: Ali Trujillo, Sofia Ramirez

Special thanks to our sensitivity readers Aleesha Grady, Anna Riehle, and Bonnie Hillsberg.

Originally released in English as How Do You See the World?
    English hardcover first edition • May 2024 • ISBN: 978-1-958629-43-7
    English paperback first edition • February 2025 • 978-1-958629-75-8
    English eBook first edition • May 2024 • ISBN: 978-1-958629-44-4
    Accessible eBook special edition • July 2024 • ISBN: 978-1-958629-70-3

Teacher's Guide available at the Educational Resources page of ScienceNaturally.com.

Published by:
Science, Naturally! - An imprint of Platypus Media, LLC
    750 First Street NE, Suite 700
    Washington, DC 20002
    202-465-4798
    Info@ScienceNaturally.com • ScienceNaturally.com

Distributed to the book trade by:
    National Book Network (North America)
        301-459-3366 • Toll-free: 800-462-6420
        CustomerCare@NBNbooks.com • NBNbooks.com
    NBN International (worldwide)
        NBNi.Cservs@IngramContent.com • Distribution.NBNi.co.uk

Library of Congress Control Number: 2023949865

10 9 8 7 6 5 4 3 2 1

Schools, libraries, government and non-profit organizations can receive a bulk discount for quantity orders. Contact us at the address above or email us at Info@ScienceNaturally.com.

The front cover may be reproduced freely, without modification, for review or non-commercial educational purposes.

All rights reserved. No part of this book may be reproduced in any form without the express written permission of the publisher. Front cover exempted (see above).

Printed in China.

¿CÓMO VES EL MUNDO?

Escrito por Noureddine Melikechi, D.Phil.
Ilustrado por Michelle Simpson

Science, Naturally!
Un sello de Platypus Media, LLC

Washington, D.C.

Si estás mirando este libro, estás usando tus ojos para ver.

Nuestra vista nos ayuda a entender el mundo a nuestro alrededor. Cada uno de nosotros ve el mundo de manera distinta debido a pequeñas diferencias en nuestros ojos. Hay personas que nacen con estas diferencias. Otros tienen accidentes o problemas que afectan a sus ojos más tarde.

Aprender cómo funcionan nuestros ojos nos ayuda a entender por qué cada uno de nosotros ve el mundo de una manera única.

Para ver necesitamos que la luz entre a nuestros ojos. No podemos ver cuando nuestros ojos están cerrados o cuando está oscuro afuera porque hay muy poca luz. Recibimos la mayor parte de la luz natural del sol, por lo que es más fácil ver durante el día, pero la luz puede venir también de otras fuentes como lámparas o velas.

Por ejemplo, mira esta sala aquí abajo. ¿Es fácil de ver?

Si la respuesta es sí, pon tus manos en forma de copa alrededor de tus ojos para bloquear la luz y acerca tu cara a la página.

¿Es más difícil de ver los detalles con claridad?

La luz entra a tu ojo a través de la **pupila**. Tu **iris**, el anillo coloreado alrededor de tu pupila, controla cuánta luz entra a tu ojo. Si miras a tus ojos en un espejo, puedes ver tus pupilas cambiando de tamaño. Tu iris se hace más grande o más pequeño para ajustar la cantidad de luz entrando por tu pupila.

PUPILA

IRIS

¡DATO! Los ojos de color marrón son los más comunes del mundo. Los ojos de color verde son los más raros.

Una vez que la luz entra a través de tu pupila...

PASO 1 Tu **córnea** y **cristalino** trabajan juntos para enfocar la luz. Es similar a cómo funciona una lupa. Tu córnea y cristalino apuntan la luz hacia el fondo de tu ojo, que se llama **retina**.

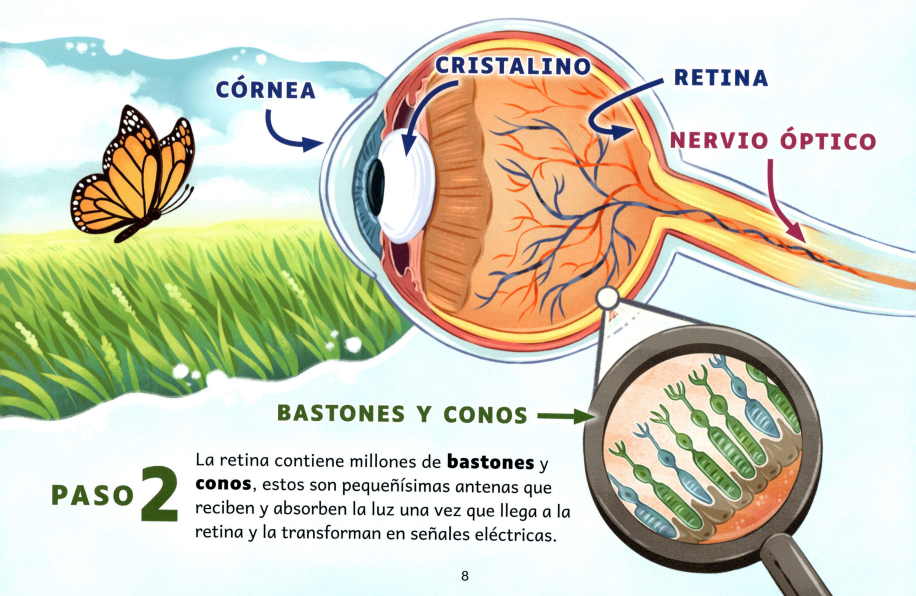

CÓRNEA · CRISTALINO · RETINA · NERVIO ÓPTICO · BASTONES Y CONOS

PASO 2 La retina contiene millones de **bastones** y **conos**, estos son pequeñísimas antenas que reciben y absorben la luz una vez que llega a la retina y la transforman en señales eléctricas.

PASO 3 Las señales eléctricas son enviadas a tu cerebro a través del **nervio óptico**.

PASO 4 Estas señales llegan a una parte de tu cerebro llamado el **lóbulo occipital**. Tu cerebro entonces crea una imagen que puedes entender.

CEREBRO

LÓBULO OCCIPITAL

Para ver con nitidez, la luz que entra a tu ojo debe enfocarse exactamente sobre tu retina. De esta manera, los bastones y conos pueden obtener información clara.

¿Pero qué pasa si la luz no cae exactamente sobre la retina?

La imagen que ves se vuelve borrosa.

Cuando la luz hace foco *por delante* de la retina, se llama **miopía** o ser "**corto de vista**".

Si tienes miopía, ves el mundo con claridad si está cerca de ti, pero los objetos más alejados parecen borrosos. Te puede resultar difícil ver la pizarra en la escuela. Afortunadamente, la miopía puede ser corregida con lentes **graduados**. Estos son lentes montados en armazones (anteojos) o **lentes de contacto** que se pueden conseguir de un especialista de ojos, como un **optometrista**.

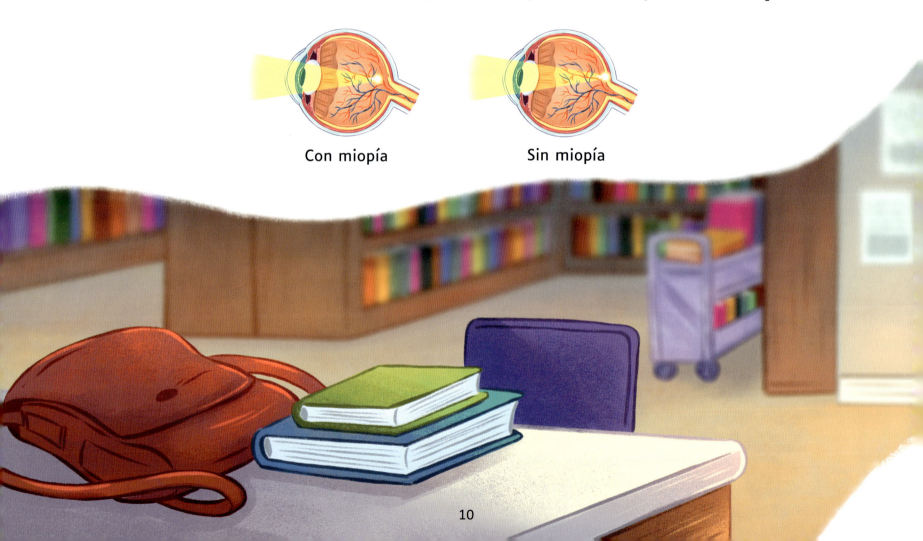

Con miopía   Sin miopía

Los anteojos y lentes de contacto enfocan la luz para que llegue directamente sobre la retina. Para lograr esto, los lentes deben hacerse específicamente para tus ojos. Si tienes miopía, los lentes permiten que veas los objetos que están lejos más claramente. ¿Puedes ver una diferencia en la imagen si miras a través de los anteojos?

 ¡DATO! La prueba de vista más común se llama el **Examen de Snellen**. Dependiendo de cuántas letras puedas leer de la tabla de Snellen cuando estás parado a 20 pies (6 metros) de distancia, te asignan un número, como visión 20/20 o visión 20/40.

En algunos casos, el ojo enfoca la luz por detrás de la retina. Esto se llama **hipermetropía**, algunas personas también lo llaman **hiperopía**.

Si tienes hipermetropía, lo más probable es que veas el mundo borroso de cerca y que te sea más fácil ver objetos en la distancia. Tal vez te cueste leer una hoja de examen justo delante de ti, pero puedas leer la pizarra o un cartel que estén más lejos.

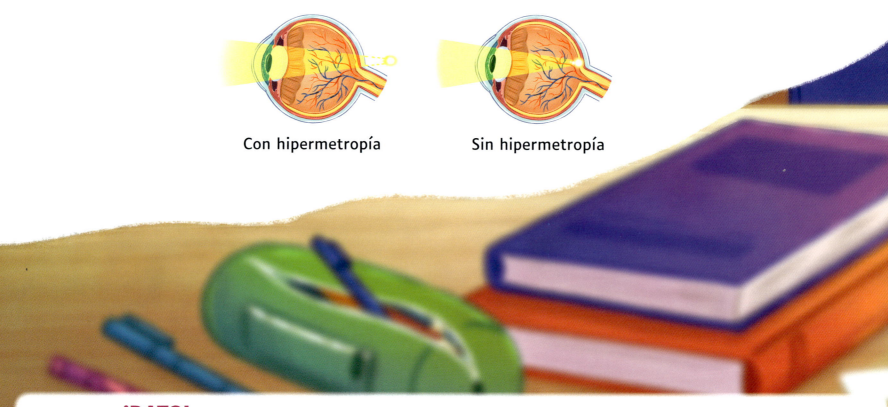

Con hipermetropía Sin hipermetropía

 ¡DATO! Un problema parecido a la hipermetropía es la presbicia. La presbicia se desarrolla a medida que envejecemos y es más probable que afecte a la gente que ya tiene hipermetropía. Si notas que, en un restaurante, un adulto de tu familia aleja el menú para poder leerlo, ¡puede ser que tenga presbicia!

Igual que en el caso de la miopía, la hipermetropía también puede ser corregida usando lentes graduados o de contacto. Usar estos lentes especialmente diseñados hace que los objetos se vean con claridad, aun cuando están cerca

La luz también puede enfocarse en más de un punto al mismo tiempo. Esto ocurre cuando tu córnea o cristalino no tiene la forma que debería tener. La luz puede hacer foco por delante, por detrás o a ambos lados de la retina. Esto recibe el nombre de **astigmatismo**.

Si tienes astigmatismo, ves el mundo borroso o distorsionado a cualquier distancia. Por ejemplo, un círculo puede parecer un óvalo y las luces pueden tener un halo borroso o deslumbrante.

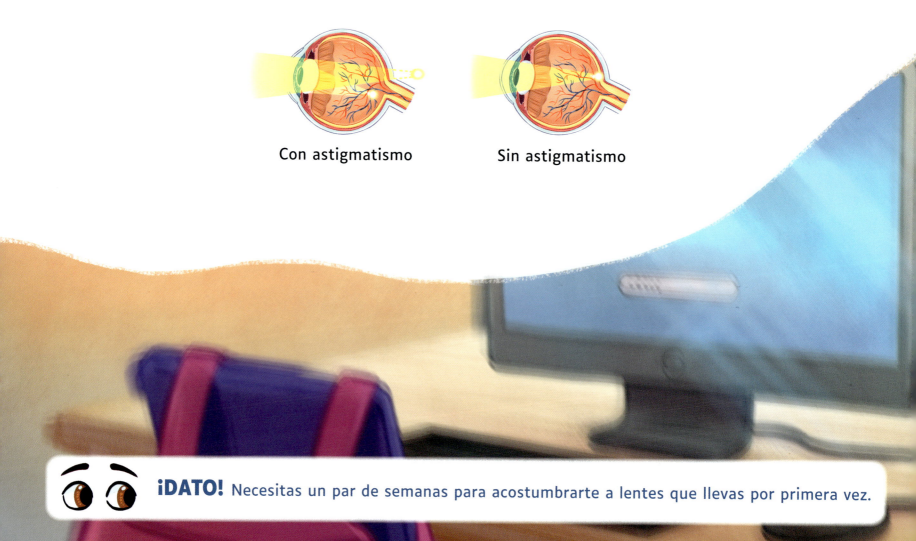

Con astigmatismo　　　　Sin astigmatismo

¡DATO! Necesitas un par de semanas para acostumbrarte a lentes que llevas por primera vez.

Los lentes para astigmatismo corrigen el foco de la luz compensando la forma de la córnea. En los anteojos, esto significa que el grosor de los lentes no es parejo. Para lentes de contacto, la forma no es un círculo perfecto. Es por eso que los lentes de contacto para el astigmatismo pueden tener pequeños pesos para que se queden en el lugar correcto sobre tu ojo.

A veces un ojo enfoca la luz de manera diferente al otro, o apunta en una dirección ligeramente distinta. En los dos casos, acabas teniendo un "ojo fuerte" que puede ver con claridad y un ojo "perezoso" que no enfoca igual de bien. Cuando esto sucede dependes de tu ojo fuerte para poder ver. Esto se llama **ambliopía** u **ojo perezoso**.

Si tienes ambliopía, ves el mundo a través de un ojo de forma más nítida que del otro. Puedes tener dificultades estimando distancias, como cuando quieres colocar cuentas en un collar o batear una bola de baseball.

Ojo débil   Ojo fuerte

Hay algunas formas de ayudar a corregir la ambliopía. Anteojos o lentes de contacto pueden ayudar a que el ojo perezoso se enfoque. Un oftalmólogo puede sugerir hacer ejercicios o llevar un parche sobre el ojo fuerte para que el ojo débil se fortalezca.

¡DATO! Cuando tus ojos no están alineados, o apuntan a direcciones ligeramente distintas, se llama estrabismo y es una de las causas principales de la ambliopía.

Aun si tus ojos enfocan la luz correctamente, puede haber otros problemas: luz puede bloquearse antes de llegar a tu retina o alguna parte de los ojos puede dañarse. En estos casos, es posible perder (o nacer sin) parte o la totalidad de la visión.

Si no puedes ver absolutamente nada, se le llama **ceguera total**. Sin embargo, la mayor parte de las personas consideradas ciegas pueden ver pequeñas cantidades de luz, figuras y colores. Si tienes **baja visión**, puedes ver más que una persona ciega, pero es posible que tengas visión de túnel, puntos ciegos o visión borrosa que afectan tu vida cotidiana. La ceguera y la baja visión no pueden ser corregidas con lentes.

Mira la imagen en esta página.

Intenta sostener tus manos en forma de puño, dejando solo un pequeño agujero como si fueran binoculares. Lleva tus manos a tus ojos.

¿Puedes ver la imagen aún? ¿Cuánto puedes ver?

¿Piensas que es difícil hacer tus tareas o jugar afuera si es así como ves a diario?

Es por eso que hay dispositivos y asistentes que pueden ayudarte si eres ciego o tienes baja visión. Como:

BASTONES

Un bastón puede ayudarte a caminar con confianza y a eludir obstáculos. También ayuda a que otras personas entiendan que necesitas espacio. Los bastones son en general blancos o tienen rayas rojas, pero pueden ser de cualquier color.

TECNOLOGÍA DE ASISTENCIA

Esta tecnología, como los lectores texto-a-voz y lectores portátiles de braille, te ayudan a leer libros o hacer búsquedas online.

PERROS GUÍA

Los perros guía pueden alertarte de un peligro potencial, ayudarte a permanecer sobre la acera o el camino, ayudarte a cruzar la calle o evitar que te tropieces.

PERSONAS

Tu familia, amigos o voluntarios de confianza pueden caminar contigo y hacerte saber qué tienes por delante. ¡Ellos también pueden ayudarte con actividades más difíciles como esquiar!

Algo común que puede reducir la cantidad de luz que entra a tu ojo es una **catarata**. Esto sucede cuando el cristalino, que es transparente, se nubla. Las cataratas son más frecuentes en adultos mayores, pero también a veces pueden tenerlas los niños y bebés. Si no son tratadas, pueden conducir a la pérdida total de la vista.

Si tienes cataratas, ves el mundo como si estuvieras mirándolo a través de una ventana empañada, y empeora con el paso del tiempo. Si las pupilas de una persona tienen un color gris o blanco leche, es muy probable que tengan cataratas.

Con cataratas   Sin cataratas

Afortunadamente, hay tratamientos para las cataratas. Los médicos especializados en los ojos, llamados **oftalmólogos**, pueden sacar el cristalino nublado y reemplazarlo con un cristalino artificial. Esta cirugía puede restaurar la visión nítida y evitar que el ojo se ciegue. Mira a través de los ojos aquí abajo para ver cómo sería tu visión después de una cirugía.

 ¡DATO! Tal vez hayas escuchado alguna vez que las zanahorias mejoran la vista. Es cierto que son buenas para mantener tus ojos saludables porque te ayudan a producir vitaminas importantes, pero no pueden lograr que veas mejor. Esto fue un rumor que se difundió durante la segunda guerra mundial.

Otra de las afecciones que causan ceguera es el **glaucoma**. Con glaucoma, una alta presión sobre el ojo daña el nervio óptico que envía las señales eléctricas al cerebro. En este caso, es posible que el ojo funcione bien pero el cerebro no recibe la imagen completa.

Si tienes glaucoma, ves el mundo como si tuviera un halo oscuro y borroso todo alrededor de tu campo visual. Es posible que lo notes en un familiar mayor que no puede ver las cosas que están al costado de sus ojos.

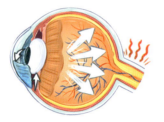 

Con glaucoma   Sin glaucoma

 ¡DATO! El Braille, llamado así por su creador Louis Braille, es un sistema de lectura y escritura para las personas ciegas o que tienen dificultades para ver. El Braille se basa en seis puntos en relieve que se usan para formar diferentes caracteres que son reconocibles al tacto.

Si se detecta de manera temprana, el glaucoma puede ser tratado con una medicación especial que controla la presión sobre el ojo. Si no se detecta a tiempo, el glaucoma puede conducir a una visión de túnel permanente o a la ceguera.

Si pierdes la vista a causa del glaucoma no la puedes recuperar. Sin embargo, hay muchos dispositivos y ayudantes disponibles. ¿Puedes encontrar uno o más ayudantes en esta imagen?

¿Puedes ver todas las palabras abajo?

Además de los problemas de foco o afecciones del nervio óptico, puede haber también problemas con los bastones y conos en tu retina. Recuerda que tus bastones y conos convierten la luz en señales eléctricas para tu cerebro.

 ¡DATO! Tus ojos son un tipo de órgano, llamado órgano sensorial, que recolecta información sobre el mundo. Los cinco órganos sensoriales son tus ojos, tus oídos, tu lengua, tu nariz y tu piel.

Bastones

Los bastones se usan cuando la luz es baja. No le dicen al cerebro nada sobre el color, pero te ayudan a ver las formas y las sombras. ¡Un ojo humano tiene más que *100 millones* de bastones!

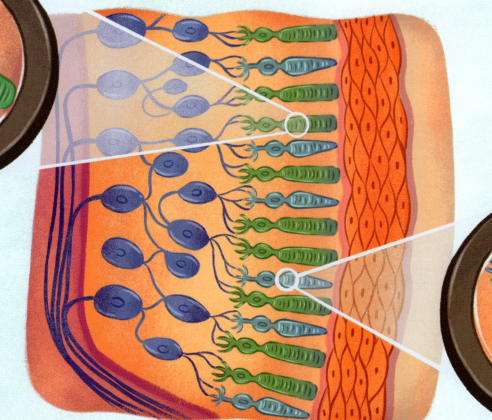

Conos

Los conos, por otro lado, necesitan buena iluminación para funcionar y le dicen a tu cerebro tanto sobre formas como sobre los colores que ves. Hay muchos menos conos que bastones —cada ojo tiene alrededor de 6 millones de conos.

Los conos necesitan luz para funcionar, y la luz puede ser de distintos colores.

La **luz blanca**, como la del sol, es en realidad una combinación de todos los colores visibles. Cuando la luz blanca llega a un objeto, como una silla, solo algunos de sus colores se **reflejan**, o rebotan, en el objeto. ¡El color de la luz que rebota en el objeto es el color que ves!

Si la silla es roja, eso significa que el color rojo está rebotando en la silla. Cuando la luz roja entra a tu ojo y llega a tu retina, los conos tienen la importante tarea de decirle a tu cerebro de qué color es la silla.

 ¡DATO! Se cree que los bebés al momento de nacer pueden ver en blanco y negro, y en tonos grises. A los pocos meses, sus cerebros se desarrollan e incorporan la habilidad de ver el color.

Tenemos tres tipos de conos para capturar la luz.
Se llaman conos **rojos**, **verdes**, o **azules**.
Cada tipo de cono es sensible a un grupo de colores diferente. Nuestro cerebro combina la información de estos tres tipos de conos para "ver" incluso más colores —como si estuviéramos mezclando tres tonos diferentes de pintura para crear un color nuevo. En total, ¡podemos ver alrededor de un millón de colores distintos!

Pero ¿todos vemos el mundo en los mismos colores?

Algunas personas nacen sin conos o con conos con defectos. A esto se le llama **deficiencia de la visión de color** o **ceguera de color**. Con menos conos en funcionamiento, tu cerebro tiene dificultades en distinguir colores.

Si tienes ceguera de color, los colores que ves dependen de si los conos que no funcionan son los **rojos**, los **verdes**, o los **azules**. ¡En algunos casos raros, puede ser que no veas ningún color! Los oftalmólogos pueden detectar algunos tipos de ceguera de color con la **prueba de Ishihara**. En esta prueba, tienes que mirar imágenes hechas con puntos de colores, que normalmente forman un número en el fondo. Si no tienes los conos rojos, te resultará difícil ver un número rojo sobre un fondo verde.

Prueba de la visión de color Ishihara

Aunque no hay cura para la ceguera de color, hay lentes que pueden ayudar. Un filtro en los lentes bloquea ciertos colores de luz. Esto hace que sea más fácil para tu cerebro entender qué colores estás viendo. ¿Puedes ver algún rojo en el parque aquí abajo? ¿Qué tal si miras a través de los anteojos?

 ¡DATO! La deficiencia de la visión de color a veces es llamada daltonismo, por John Dalton, un inglés que fue químico, físico y meteorólogo del siglo XVIII. Dalton fue el primer científico en estudiar la ceguera de color después de haberse dado cuenta que él veía los colores de manera diferente a los otros.

Aun sin tener una deficiencia en la visión del color, el ojo humano no puede ver todos los colores. Los colores como el rojo, el verde y el azul son ejemplos de **luz visible**, pero también hay tipos de **luz invisible**.

La **luz infrarroja** es una de esas luces. No la puedes ver, pero ¡la puedes sentir por su calor!

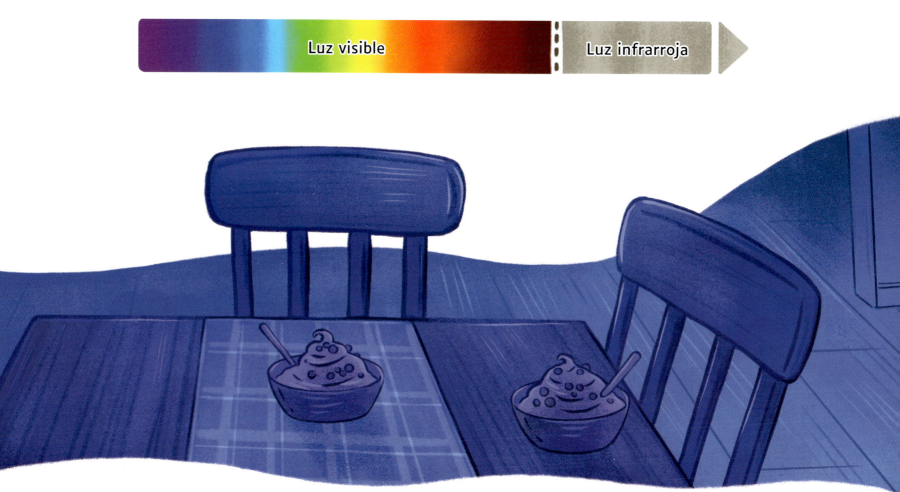

 ¡DATO! Algunas serpientes pueden percibir la luz infrarroja. Usan esta habilidad para detectar animales heridos hasta a tres pies (un metro) de distancia.

Todos los objetos emiten luz infrarroja: las cosas calientes, como una taza de chocolate caliente, emiten más y cosas frías, como un vaso de agua con hielo, emiten menos. Los científicos construyeron cámaras que pueden percibir esta luz invisible y construir una imagen para nosotros, incluso en la oscuridad. Estos aparatos se llaman cámaras de imágenes térmicas.

La luz infrarroja es usada en las tostadoras y saunas para calentar cosas, y en otras tecnologías, como en los controles remotos de la televisión.

La **luz ultravioleta**, o luz UV, es otro tipo de luz invisible. El sol emite luz ultravioleta, pero no puedes verla ni sentirla. Sin embargo, la luz UV nos permite ver objetos fluorescentes, porque los hace brillar. Hay algunos minerales, plantas e incluso animales que pueden ser fluorescentes.

Cuando ves decoraciones brillantes en una pista de bolos o en un parque de diversiones, el efecto de "brillo en la oscuridad" es causado por la luz UV. ¡Puede hacer que la ropa blanca o los zapatos brillen también! La luz UV puede ser emitida por bombillas eléctricas llamadas luces negras.

 ¡DATO! Las abejas pueden ver la luz ultravioleta. Usan esta habilidad para encontrar el néctar y el polen en el centro de las flores. También algunos peces pueden ver la luz ultravioleta y usarla para detectar zooplancton.

La alta exposición a la luz ultravioleta o a la luz infrarroja por un tiempo prolongado puede dañar tus ojos. ¡Hasta la luz brillante del sol puede ser mala para tu vista! Al igual que otras partes del cuerpo, los ojos también necesitan protección.

Cómo mantener tus ojos sanos:

- Visita a un especialista regularmente. Puedes consultar a un **optometrista** para un chequeo normal o para que te prescriba unos lentes, un **óptico** si necesitas unos lentes nuevos o un **oftalmólogo** si tienes un problema más serio.

- Come frutas y vegetales para ayudar a proteger tus ojos y prevenir la pérdida de visión. Zanahorias, damascos, batatas, espinaca y otros alimentos ricos en **betacaroteno** ayudan a mantener la salud general de los ojos.

- Reduce la intensidad de la luz de las lámparas y las pantallas lo más posible.

- Haz pausas regulares si estás frente a una computadora, teléfono o tableta. Habría que hacer pausas cada 20 minutos para mirar algo que esté a 20 pies de distancia (o unos 6 metros) por 20 segundos. Esta es la regla 20-20-20.

- Cuando estés fuera y haya mucha luz, usa anteojos de sol con protección UV para reducir el daño a tus ojos.

- Usa protectores de ojos cuando exista algún peligro de que algo golpee o salpique en tus ojos. Los científicos usan gafas protectoras cuando están trabajando con sustancias químicas, los trabajadores de la construcción e ingenieros usan gafas de seguridad para asegurarse que materiales con punta no salten a sus ojos y los atletas, en deportes como el hockey, usan cascos o antiparras.

 ¡DATO! Los delfines duermen con un ojo abierto. Cuando la parte derecha del cerebro descansa, el ojo izquierdo está cerrado y viceversa.

Puedes ver que nuestros ojos son complejos y fascinantes.

Es importante saber cómo funcionan para que podamos cuidarlos y entender por qué cada uno de nosotros ve el mundo de manera diferente.

¿Y TÚ?... **¿Cómo ves el mundo?**

Glosario

Bastones: células extremadamente pequeñas de la retina que transforman la luz en señales eléctricas para que sean enviadas a tu cerebro. Ellos le dan a tu cerebro la información sobre las figuras, pero no sobre el color.

Beta-caroteno: un nutriente que ayuda al cuerpo a producir vitamina A, que es importante para la salud de los ojos. Está presente en zanahorias, espinacas, batatas, brócoli y otras frutas y vegetales.

Conos: células extremadamente pequeñas de la retina que transforman la luz en señales eléctricas para que sean enviadas a tu cerebro. Los ojos humanos tienen tres tipos de conos que trabajan juntos para darle información a tu cerebro sobre colores y formas.

Córnea: la capa transparente más externa del ojo que cubre tu iris y pupila. Ayuda a enfocar la luz sobre la retina.

Cristalino: la parte interna y transparente del ojo que se encuentra detrás del iris y la pupila y que enfoca la luz sobre la retina.

Examen de Snellen: una manera que usan los médicos para identificar si eres miope. Es una tabla con líneas de letras que son más grandes arriba que abajo.

Fluorescente: todo lo que emita luz visible brillante mientras es expuesto a luz ultravioleta.

Iris: el anillo coloreado alrededor de tu pupila que controla cuánta luz entra a tu ojo.

Lente: cualquier objeto transparente que enfoque la luz (como los lentes de contacto o los lentes de los anteojos). Tu cristalino es un tipo de lente.

Lentes de contacto: un trozo de plástico transparente, circular y curvado que se apoya directamente sobre tu córnea. Enfoca la luz sobre la retina para que puedas ver claramente.

Lóbulo occipital: la parte de tu cerebro que lee información enviada por tus ojos e instantáneamente construye una imagen que puedes entender.

Luz blanca: la luz que parece incolora, como la luz solar, pero que en realidad contiene todos los colores del arco iris.

Luz invisible: colores de la luz que no pueden ser vistos por el ojo humano, pero que pueden ser percibidos por otros animales o con tecnología especial.

Luz visible: colores de luz que pueden ser vistos por el ojo humano.

Nervio óptico: una parte del sistema nervioso que transporta las señales eléctricas desde tus ojos hasta tu cerebro.

Oftalmólogo: un médico de ojos que puede prescribir lentes y medicamentos, recomendar ejercicios oculares y realizar cirugías oculares.

Óptico: un profesional que puede ajustar los lentes o lentes de contacto, asegurándose de que sean fieles a la prescripción recomendada por tu especialista ocular.

Optometrista: un especialista ocular que puede hacer pruebas para detectar problemas de vista, recomendar ejercicios oculares, tratar heridas menores y prescribir lentes.

Prescripción: un tratamiento, con lentes o medicamentos, al que solo se puede acceder con el permiso del médico.

Prueba de Ishihara: una manera en la que los oftalmólogos pueden darse cuenta si tienes una deficiencia de visión rojo-verde (ie, daltonismo rojo-verde). Es una serie de números y patrones de colores en fondos circulares, hechos de pequeños puntos de diferentes colores.

Pupila: el orificio negro en el centro de tu iris que permite que la luz entre en tu ojo.

Reflejar: rebotar en una superficie y cambiar de dirección, como cuando la luz rebota en un espejo.

Retina: la superficie interna de la parte posterior del ojo, que tiene millones de bastones y conos.

Sobre el autor y la ilustradora

"A mi abuela, que me hizo apreciar lo mucho que podía ver y dar a pesar de ser ciega"

Noureddine Melikechi es un físico óptico, educador e inventor. Profesor de física en la Universidad de Massachusetts, Lowell, también trabaja como decano de la facultad de ciencias del Kennedy College. Trabaja en la interacción de la luz con varios tipos de materia. Noureddine ha investigado el uso de la luz para detectar signos tempranos de enfermedades, incluido el cáncer. Nativo de Algeria, Noureddine recibió su diploma de estudios superiores en Física de la Universidad de Ciencia y Tecnología Houari-Boumediene, de Algeria, y su maestría en ciencia y doctorado en filosofía, ambos en Física, de la Universidad de Sussex, Inglaterra. Puede ser contactado en Noureddine.Melikechi@ScienceNaturally.com.

"A mi papá, que ha tenido que lidiar con una visión doble desde su cáncer, y a todos los niños en la sala de espera de oftalmología con los que se sentó durante todos estos años; ¡espero que este libro los ayude a entender y amar a sus ojos!"

Michelle Simpson es una ilustradora independiente, dedicada principalmente a los libros infantiles. Entre sus publicaciones, se destacan *I Can See You* de Rosemarie Avrana Meyok, *Jordan and Max* de Suzanne Sutherland, y *Talloqut: A Story from West Greenland* de Paninnguaq Lind Jensen. También trabajó como artista conceptual para caricaturas infantiles como *Ollie! The Boy Who Became What He Ate* (segunda temporada), *Tee and Mo* (primera temporada) y *Happy House of Frightenstein* (primera temporada). Michelle tiene una licenciatura en artes de la ilustración del Sheridan College en Ontario, y vive en el lado canadiense de las cataratas del Niágara. Puedes ver más de su trabajo en MichelleScribbles.com